Usborne Verlag

Mein buntes Klappenbuch

FARBEN

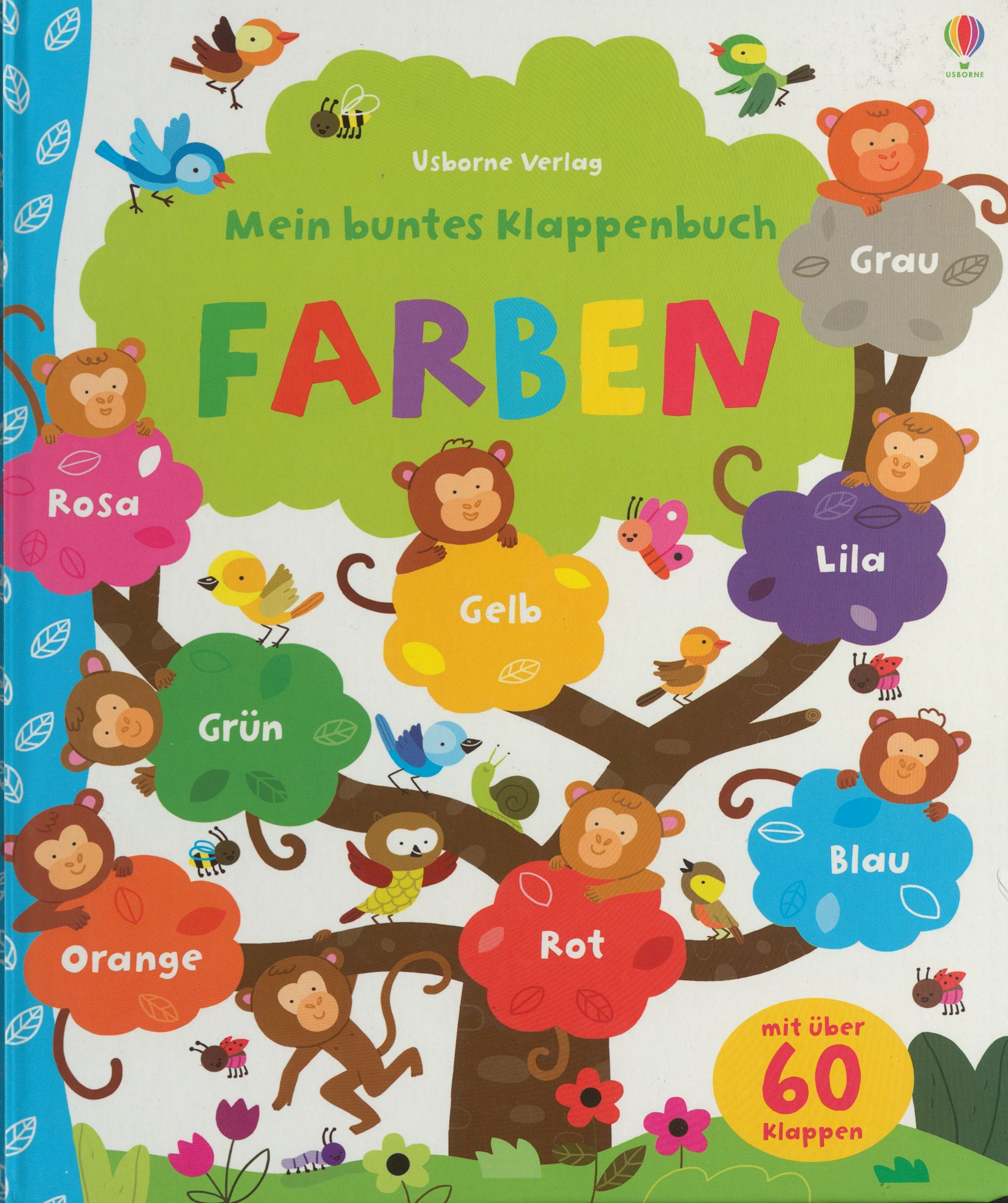

mit über 60 Klappen

USBORNE

Mein buntes Klappenbuch

FARBEN

Text: Felicity Brooks

Illustrationen: Mélisande Luthringer

Gestaltung: Keith Newell
und Kasia Dudziuk

Der Farbenzug

Welches Tier ist das?

Wer macht „Schnapp! Schnapp!“ im roten Waggon?

Welches gestreifte Tier fährt im grünen Waggon?

Welches graue Tier steht im orangefarbenen Waggon?

Wer hat eine wuschelige Mähne und ist im gelben Waggon?

Der Zauberwald

Suche diese Dinge im Wald. Welche Farbe haben sie?

der Fuchs

die Sonne

die Pilze

das Kaninchen

Hungrige Pinguine

Diese Pinguine haben Hunger. Jeder möchte einen Fisch fangen, der die gleiche Farbe hat wie seine Fliege. Hilf ihnen dabei.

In der Stadt

Öffne die Klappen und suche …

ein blaues Auto

einen orangefarbenen Kleinbus

einen gelben Vogel

ein rotes Motorrad

Farben mischen

Die Affen mischen Farben. Rate mal, welche Farbtöne dabei herauskommen.

Farben zählen

Wie viele von diesen Spielsachen findest du im Geschäft?

die hell-
blauen
Boote

die hell-
gelben
Enten

die dunkel-
grünen
Flugzeuge

Wo ist mein ...?

Usborne Verlag

Mein buntes Klappenbuch

FARBEN

Wer versteckt sich im roten Eisenbahnwaggon? Welche Farbe hat der Frosch? Und wie viele rosa Elefanten entdeckst du im Spielzeuggeschäft? Mit über 60 Klappen und spannenden Suchspielen lernen Kinder auf lustige Weise erste Farben kennen.

www.usborne.de

Übersetzung aus dem Englischen: Birgit Zimmerer
Redaktion der deutschen Ausgabe: Ulrike Barzik

ISBN 978-1-78941-037-2

JFMAMJJASO D/18
02754/17

MIX
Papier aus verantwortungsvollen Quellen
FSC® C122384
www.fsc.org

9 781789 410372

€ 12,95 (D) € 13,40 (A)